ALPHABET

FRANÇAIS

DIVISÉ PAR SYLLABES

POUR APPRENDRE AUX ENFANTS A ÉPELER

AVEC UNE GRANDE FACILITÉ

(Premier âge)

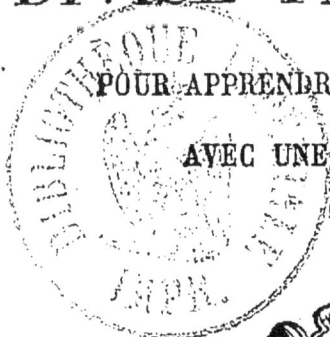

PARIS

LIBRAIRIE CLASSIQUE DE ANDRÉ-GUÉDON, ÉDITEUR,

SUCCESSEUR DE MADAME Vᶜ THIÉRIOT

15, rue Séguier.

Vierge sainte, faites descendre en moi
la grâce de bien apprendre.

Paris. — Imp. P.-A. Bourdier et Cie, rue des Poitevins, 6

 A B C

D E F G

H I J K L

M N O P

Q R S T

U V W X

Y Z Æ Œ E

1 2 3 4 5 6 7 8 9 0

a b c d e f g h i

j k l m n o p q

r s t u v x y z w

ç é à è â ê î ò û æ œ

1 2 3 4 5 6 7 8 9

I II III IV V VI VII VIII IX

10 11 12 13 14 15 16

X XI XII XIII XIV XV XVI

a	e	i	o	u
ba	be	bi	bo	bu
ca	ce	ci	co	cu
da	de	di	do	du
fa	fe	fi	fo	fu
ga	ge	gi	go	gu
ha	he	hi	ho	hu
ja	je	ji	jo	ju
ka	ke	ki	ko	ku
la	le	li	lo	lu
ma	me	mi	mo	mu
na	ne	ni	no	nu
pa	pe	pi	po	pu

pha	phe	phi	pho	phu
qua	que	qui	quo	quu
ra	re	ri	ro	ru
sa	se	si	so	su
ta	te	ti	to	tu
va	ve	vi	vo	vu
xa	xe	xi	xo	xu
za	ze	zi	zo	zu
bla	ble	bli	blo	blu
bra	bre	bri	bro	bru
cla	cle	cli	clo	clu
cra	cre	cri	cro	cru
dla	dle	dli	dlo	dlu

dra	dre	dri	dro	dru
fla	fle	fli	flo	flu
fra	fre	fri	fro	fru
gla	gle	gli	glo	glu
gra	gre	gri	gro	gru
pla	ple	pli	plo	plu
phla	phle	phli	phlo	phlu
phra	phre	phri	phro	phru
pra	pre	pri	pro	pru
spa	spe	spi	spo	spu
sta	ste	sti	sto	stu
tla	tle	tli	tlo	tlu
tra	tre	tri	tro	tru
vra	vre	vri	vro	vru

No tre, Pè re, qui, ê tes, dans, les, cieux, que, vo tre, nom, soit, sanc ti fié, que, vo tre, rè- gne, ar ri ve, que, vo tre, vo- lon té, soit, fai te, sur, la, ter re, com me, au, ciel, Don- nez-nous, no tre, pain, quo ti- dien, et, par don nez - nous, nos, of fen ses, com me, nous, par- don nons, à, ceux, qui, nous, ont, of fen sés, et, ne, nous, lais sez, point, suc com ber, à, la, ten ta tion, mais, dé li- vrez-nous, du, mal.

Ainsi, soit-il.

Je , vous , sa lue , Ma rie , plei ne , de , grâ ce , le , Sei- gneur , est , a vec , vous . Vous, ê tes , bé nie , en tre, tou tes , les , fem mes , et , Jé sus , le , fruit, de, voṣ, en trail les, est, bé ni :

Sain te , Ma rie , Mè re , de , Dieu , priez , pour , nous , pau- vres , pé cheurs , main te nant , et, à, l'heu re, de, no tre, mort. Ain si , soit - il.

Je, crois , en , Dieu , le , Pè re ; tout – puis sant , Cré a teur, du, Ci-

el , et, de, la, terre, en, Jé sus,
Christ, son, fils, u ni que, no tre,
Sei gneur, qui, a été, con çu, du
Saint - Esprit, est, né, de, la, Vierge, Ma rie, a, souf fert, sous, Pon ce,
Pi la te, a, é té, cru ci fié, est,
mort, et, a, é té, en se ve li, est,
des cen du, aux, en fers, le, troi-
siè me, jour, est, res sus ci té, des
morts, est, monté, aux cieux, est,
as sis, à, la, droi, te, de, Dieu, le,
Pè re, tout - puis sant, d'où, il vi-
en dra, ju ger, les, vi vants, et, les,
morts.

Je, crois, au, Saint-Es prit, à, la,

Sain te, É gli se, Ca tho li que, à, la,
Com mu nion, des, Saints, la, Ré mis-
sion, des, pé chés, la, Ré sur rec tion,
de, la, chair, la, vie, é ter nel le.

Ain si, soit-il.

La Confession des péchés.

Je, me, con fes se, à, Dieu, tout-
puis sant, à, la, bien heu reu se,
Ma rie, tou jours, Vier ge, à, saint,
Mi chel, Ar chan ge, à, saint, Jean-
Bap tis te, aux, A pô tres, saint,
Pier re, et, saint, Paul, et, à, tous,
les, Saints, par ce, que, j'ai, beau-
coup, pé ché, par, pen sées, par, pa-
ro les, par, ac tions, et, par, o mis sions,

par, ma, fau te, par, ma, fau te, par, ma, très-gran de, fau te. C'est pour-quoi, je, sup plie, la, bien heu reu-se, Ma rie, tou jours, Vier ge, saint, Mi chel, Ar chan ge, saint, Jean-Bap-tis te, les A pô tres, saint, [Pier re, et, saint, Paul, et, tous, les, saints, de, pri er, pour, moi, le, Sei gneur, no tre, Dieu.

Les Commandements de Dieu.

I. Un seul Dieu tu adoreras et aimeras parfaitement.

II. Dieu en vain tu ne jureras, ni autre chose pareillement.

III. Les Dimanches tu garderas, en servant Dieu dévotement.

IV. Tes Père et Mère honoreras, afin de vivre longuement.

V. Homicide point ne seras, de fait ni volontairement.

VI. Luxurieux point ne seras, de corps ni de consentement.

VII. Les biens d'autrui tu ne prendras, ni retiendras injustement.

VIII. Faux témoignage ne diras, ni mentiras aucunement.

IX. L'œuvre de chair ne désireras, qu'en mariage seulement.

X. Biens d'autrui ne désireras, pour les avoir injustement.

Les Commandements de l'Église.

I. Les Fêtes tu sanctifieras qui te sont de commandement.

II. Les Dimanches Messe entendras, et les Fêtes pareillement.

III. Tous tes péchés confesseras, à tout le moins une fois l'an.

IV. Ton créateur tu recevras, au moins à Pâques humblement.

V. Quatre-temps Vigiles jeûneras, et le Carême entièrement.

VI. Vendredi chair ne mangeras, ni le Samedi mêmement.

2 fois	2 font	4		5 fois	5 font	25
2 fois	3 font	6		5 fois	6 font	30
2 fois	4 font	8		5 fois	7 font	35
2 fois	5 font	10		5 fois	8 font	40
2 fois	6 font	12		5 fois	9 font	45
2 fois	7 font	14		5 fois	10 font	50
2 fois	8 font	16				
2 fois	9 font	18		6 fois	6 font	36
2 fois	10 font	20		6 fois	7 font	42
				6 fois	8 font	48
3 fois	3 font	9		6 fois	9 font	54
3 fois	4 font	12		6 fois	10 font	60
3 fois	5 font	15				
3 fois	6 font	18		7 fois	7 font	49
3 fois	7 font	21		7 fois	8 font	56
3 fois	8 font	24		7 fois	9 font	63
3 fois	9 font	27		7 fois	10 font	70
3 fois	10 font	30				
				8 fois	8 font	64
4 fois	4 font	16		8 fois	9 font	72
4 fois	5 font	20		8 fois	10 font	80
4 fois	6 font	24				
4 fois	7 font	28		9 fois	9 font	81
4 fois	8 font	32		9 fois	10 font	90
4 fois	9 font	36				
4 fois	10 font	40		10 fois	10 font	100

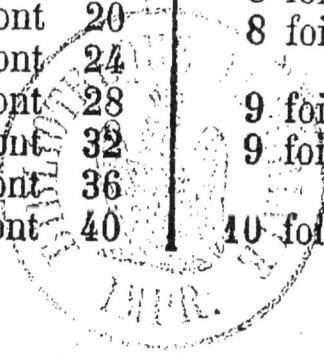